AF562620

Société libre d'Agriculture

SCIENCES, ARTS ET BELLES-LETTRES DE L'EURE

Section de l'arrondissement de Bernay

GABRIEL DU MOULIN

BIBLIOTHÈQUE NATIONALE R.F. IMPRIMÉS

HISTORIEN

PAR

M. l'Abbé PORÉE

CURÉ DE BOURNAINVILLE

Communication lue à la séance du 7 Septembre 1890, tenue sous la présidence de M. le Duc de Broglie

BERNAY

IMPRIMERIE Mlles J. & A. LEFÈVRE

25, rue des Fontaines, 25

1890

GABRIEL DU MOULIN

HISTORIEN

BIBLIOTHÈQUE NATIONALE
R.F.
IMPRIMÉS

Société libre d'Agriculture
SCIENCES, ARTS ET BELLES-LETTRES DE L'EURE
Section de l'arrondissement de Bernay

GABRIEL DU MOULIN

HISTORIEN

BIBLIOTHÈQUE NATIONALE
DON
DELISLE BURNOUF
N°.........
IMPRIMÉS

PAR

M. l'Abbé PORÉE

CURÉ DE BOURNAINVILLE

Communication lue à la séance du 7 Septembre 1890, tenue sous la présidence de M. le Duc de Broglie

BERNAY
IMPRIMERIE Mlles J. & A. LEFÈVRE
25, rue des Fontaines, 25

1890

GABRIEL DU MOULIN

HISTORIEN

Messieurs,

En l'année 1631, au moment où messire Gabriel Du Moulin, maître-ès-arts et curé de Menneval, envoyait à Jean Osmont, imprimeur dans la cour du Palais, à Rouen, son *Histoire générale de Normandie*, un gentilhomme de ses amis, le sieur du Plessis Bois-Tribout, lui adressait un sonnet. Après avoir félicité l'auteur de ce qu'il avait si bien écrit l'histoire de son pays, il ajoutait :

> Bref, ton livre nous fait avecques vérité
> Recognoistre le plan de la moindre cité
> Et les divers mœurs des peuples de nos villes :
>
> Ce qui obligera nostre postérité,
> Recevant ce bonheur de toy dans leurs familles,
> A exalter ton nom d'un los qu'as mérité.

C'était là, sans doute, un compliment de circonstance; néanmoins le bon gentilhomme avait pressenti la juste louange qui devait s'attacher au nom du curé de Menneval.

Du Moulin a longtemps attendu peut-être; il n'avait pas à craindre l'oubli ; les deux in-folio qu'il a publiés sur la Normandie suffisaient amplement à le rappeler au souvenir reconnaissant des érudits et des chercheurs.

Ne semble-t-il pas pourtant, Messieurs, que nous soyons arrivés au temps le plus propice à la glorification de notre compatriote, et la postérité qui devait, selon l'expression du sieur du Plessis, « exalter le nom de Du Moulin d'un los qu'il avait mérité », n'aurait-elle pas mauvaise grâce à différer encore l'hommage que, dans toute la France aujourd'hui, l'on s'empresse de décerner aux illustrations locales?

La Section de la Société libre de l'Eure pour l'arrondissement de Bernay qui a pris à tâche de raviver l'éclat de célébrités qui nous sont chères à divers titres, de Jacques Bréant, d'Auguste Le Prévost, de François Râtel, d'Augustin Fresnel, d'Auguste Bréant, de Jacques Daviel, de Liberge de Granchain, ne pouvait laisser plus longtemps à l'écart le nom de Gabriel Du Moulin. La première pensée de cette justice réparatrice appartient à l'excellent et toujours dévoué secrétaire de notre Société, M. Lerenard-Lavallée. J'avais le devoir de le rappeler aujourd'hui. J'ai le devoir, également, d'adresser, au nom de notre Comité, de respectueux remerciements au savant prélat (1) qui a bien voulu accepter de présider une cérémonie dont le but est de rendre, au nom de la science historique, un hommage solennel à l'un des prêtres les plus érudits du XVIIe siècle.

En ajoutant à son titre de curé de Menneval sa qualité de Bernayen, Gabriel Du Moulin a tenu à nous rappeler lui-même qu'il appartenait à notre ville par sa naissance. Il reçut les Saints Ordres, avant l'année 1604, dans la chapelle du château épiscopal de Condé, des mains du célèbre Jacques Davy Du Perron, évêque d'Evreux, puis il obtint la cure de Menneval qui était

Mgr de l'Escaille, protonotaire apostolique, chanoine de Paris et d'Evreux.

à la présentation du seigneur du lieu. Il mourut dans son bénéfice, entre les années 1661 et 1664. Dans sa jeunesse, il avait obtenu le grade de maître-ès-arts à l'université de Caen.

Du Moulin était un prêtre pieux et docte, ayant la confiance de ses supérieurs. On le voit pendant les années 1633, 1640, 1641 et 1644, vérifier les comptes des trésoriers de l'église de Serquigny, en qualité de vicaire général de messire Claude de Nossy, chanoine et archidiacre du Lieuvin, en la cathédrale de Lisieux. Si Gabriel Du Moulin eût eu quelque ambition, nul doute qu'une abbaye ou un riche prieuré ne fut venu s'ajouter à son mince bénéfice curial ; mais il avait d'autres visées. Se sentant du goût pour écrire, porté vers les recherches historiques, placé dans le voisinage des riches bibliothèques des abbayes du Bec, de Lyre et de Bernay, honorablement reçu chez les seignenrs des alentours qui s'empressaient de lui ouvrir leurs chartriers, Du Moulin entreprit de doter sa province d'une histoire générale, à l'aide des annales et des chroniques du moyen-âge, des cartulaires monastiques et des chartriers seigneuriaux. Cette vocation d'historien qui se révèle au fond d'un presbytère normand, à une époque où la science historique n'était pas encore fondée, est un véritable évènement, et forme le côté original et très personnel de Gabriel Du Moulin.

André Du Chesne venait de publier son recueil *Historiæ normanorum scriptores*, imprimé à Paris en 1618. Ce gros in-folio latin ne s'adressait évidemment qu'aux érudits. Du Moulin voulut populariser, autant que faire se pouvait, l'histoire de sa province, et conçut le projet d'écrire un livre en français, d'un style simple et précis, qui pût rendre attrayants les récits quelque peu fastidieux des chroniqueurs du XIe au XIIIe siècle.

BIBLIOTHÈQUE NATIONALE R.F.

L'*Histoire générale de Normandie* parut en 1631. Vingt-sept ans plus tard, en 1658, Du Moulin publiait son second ouvrage intitulé : *Les Conquestes et trophées des Norman-François aux royaumes de Naples et de Sicile.* C'était le complément de son *Histoire générale de Normandie* qui s'arrêtait au commencement du XIIIe siècle. Il ne pouvait, en effet, passer sous silence les prouesses des Normands établis dans la péninsule, ou guerroyant contre les infidèles, et dont les exploits rappelaient ceux de Rollon et de Guillaume-le-Conquérant.

Du Moulin avait encore amassé un grand nombre de documents, dans la pensée de continuer, jusqu'au XVIIe siècle, son histoire de Normandie. Tous ses manuscrits ont disparu. Nous ne connaissons de lui qu'un petit traité de théologie mystique, conservé à la Bibliothèque Nationale, sous le n° 19,368 du fonds français et intitulé : *La Saincte curiosité des personnes dévotes à la Mère de Dieu.* L'approbation donnée à l'ouvrage par le Frère Jean Bécachet, gardien du couvent des Cordeliers de Bernay, porte la date du 12 février 1654. Nous l'avions signalé, pour la première fois, dans une notice sur Gabriel Du Moulin, lue au Congrès de l'Association Normande, à Bernay, en 1884.

Il y a quelques années, en feuilletant un catalogue de la librairie Baillieu, à Paris, nous vîmes annoncé un petit livre intitulé : *Airs à III, IIII et V parties, par Nicolas Le Vavasseur, maistre des enfants de chœur de l'Eglise Saint-Pierre de Lisieux.* Paris, chez Ballard, 1626 ; un volume in-12 oblong, relié en parchemin. Nicolas Le Vavasseur était né à Bernay; c'était un ami de Du Moulin, à qui il avait adressé des stances sur son Histoire de Normandie. Nous nous empressâmes de demander le précieux volume. Il était trop tard : la bibliothèque de Lisieux venait de l'acheter.

Or, en tête de ce recueil de musique, se trouve une ode composée par le curé de Menneval. Comme elle est fort peu connue, nous la reproduisons, malgré sa médiocrité.

A Monsieur Le Vavasseur, sur ses Airs.

ODE

L'Air des mouvements divers
De l'esclairant univers
N'a point de douceurs pareilles
A tes Airs doux, gratieux
Qui lèvent jusqu'aux Cieux
Nos esprits par nos oreilles.

Un esprit chargé de fers
Orphé tira des Enfers
Par les fredons de sa Lyre :
Et de l'enfer des ennuis
Qui nos jours changent en nuits
Ta musique nous retire.

Si ce chantre forestier,
Aux effets de son mestier
Des Féres charmoit la rage :
Des brutalles passions,
Reynes des affections,
Ton Eraton nous dégage.

Quand Arion ne peut pas
Fléchir par ses doux appas
Des Nautoniers le carnage,
Un Philanthrope poisson
Attiré par sa chanson
Le rendit sain au rivage.

Mais je ne sçay l'inhumain
Qui, lorsque ta prompte main
Touche l'Orgue ou l'Espinette,
Ne se sente désarmer
De cruauté pour t'aymer,
Tant leur symphonie est nette.

Un Luth touché d'Amphion
La barbare nation
Rangea dessous la police :

Et tes sur-humains accords
En paix changeant les discords,
Le repos en exercice.

Déjà tes doctes Motets
Chantez devant nos authels
Ont contre-quarré la Peste;
Et du François univers
Tu bannis or' par tes airs
Tout le mal qui nous moleste.

Car mieux appris qu'Amphion,
Bien plus mignard qu'Arion,
De tirades plus charmantes
Que celle du Thracien
Nos corps tu combles de bien
Et rend nos âmes contentes.

Gab. DV MOVLIN, Pr. Curé de Maneval.

Assurément, Messieurs, en entendant la lecture des strophes alambiquées du curé de Menneval, vous avez dû vous dire, comme Boileau de Chapelain :

Que n'écrit-il en prose !

Vous n'aviez pas tort. Je vous abandonne la poésie de Gabriel Du Moulin, et je garde sa prose, dont je veux vous dire quelques mots.

Le style de Du Moulin a une allure dégagée, une saveur particulière qui nous disent quelque chose du caractère de l'écrivain. Le style est l'homme même, a-t-on dit. Quand on lit les ouvrages du curé de Menneval, on se sent en présence d'un esprit sain et vigoureux, qui ne pouvait s'accommoder des tournures prétentieuses, des ornements littéraires du goût le plus faux que les écrivains de métier empruntaient alors aux prosateurs et aux poètes d'Espagne et d'Italie. Le discours préliminaire de l'*Histoire générale de Normandie* est un petit chef-d'œuvre de bon sens. On y retrouve à chaque ligne l'esprit d'observation, la critique fine et bienveillante des hommes et des choses, l'amour vif et profond du sol natal, cette noble passion des Normands.

Ses remarques sur les qualités — et les défauts aussi puisqu'ils en ont — de ses compatriotes mériteraient d'être citées. Les usages domestiques des familles rurales n'ont pas non plus manqué d'attirer l'attention de notre historien : il les décrit en quelques lignes d'une bonhomie charmante.

On ignore en quelle année mourut le curé de Menneval. Les documents qui auraient pu nous l'apprendre n'existent plus, et les registres de catholicité de la paroisse, qui ne remontent qu'à l'année 1664, nous font connaître que le curé était alors messire Jean Foucques. Toutefois, Du Moulin vivait encore en 1661, car au-dessus de la porte de l'ancienne sacristie qu'il avait fait bâtir, on lit l'inscription suivante gravée sur le linteau de bois :

GABRIEL DV MOVLIN CVRÉ DE SE LIEV A FAIT FAIRE
A L'AN 1661

Si l'on veut apprécier équitablement le mérite de Du Moulin comme historien normand, et les services qu'il a rendus à la cause dont il s'était constitué le champion, il ne faut pas le comparer aux écrivains de notre époque. C'est en se reportant au siècle où il a vécu et au modeste milieu où il écrivait, que l'on peut mesurer le pas immense qu'il a fait faire à l'histoire locale.

Par histoire locale, on entend l'étude, d'après les documents authentiques, d'une paroisse, d'une commune, d'un fief, d'une abbaye, d'un diocèse, d'une province. Si, d'une part, elle concentre ses investigations sur un point précis et restreint, de l'autre, elle ne saurait faire abstraction ni s'isoler du siècle, du pays, du régime politique et religieux auxquels se rattache nécessairement, par quelque endroit, l'objet de ses recherches. S'est-on préoccupé, avant le XVIIe siècle, d'écrire l'histoire à ce point de vue spécial ? Il est permis d'en douter. Sans doute, Joinville, Froissart, Monstrelet et beaucoup d'autres ont laissé d'admirables pages d'histoire locale. Mais ces merveilleux chroniqueurs, surtout Froissart, n'aiment à raconter que ce qu'ils ont vu de leurs propres yeux. Du reste, isolés au milieu de siècles où l'on n'écrivait guère, ils ne pouvaient faire école.

Certains historiens du XVIe siècle, tels que Du Haillan, Pierre Matthieu, Belleforest, La Popelinière, écrivains prolixes et assez mal renseignés, n'ont voulu ou n'ont su faire que de l'histoire générale. De Thou lui-même, esprit d'une toute autre portée, qui procède de Machiavel et de Guichardin, fait encore une part excessive à la littérature.

Si tous ces écrivains s'en tiennent trop volontiers à l'histoire générale qui exige moins de précision et prête aisément aux développements oratoires, il n'a pas manqué, durant tout le moyen-âge, d'écrivains qui ont fait de l'histoire que je serais tenté d'appeler trop locale : ceux-là se perdent dans les détails. Ce sont les hagiographes, les chroniqueurs qui ont minutieusement raconté les annales d'une abbaye, les gestes d'un preux guerrier, les vertus miraculeuses d'un saint. Ces annalistes fournissent assurément à l'histoire une contribution des plus précieuses par l'exactitude et la quantité de renseignements qu'ils ont enregistrés et que l'on chercherait vainement ailleurs. Nous avons nous-même trop souvent consulté leurs chroniques pour que nous les blâmions de s'être ainsi complu dans les petits côtés de l'histoire.

N'est-ce pas toutefois avec quelque raison qu'on leur a reproché de ne pas avoir regardé autour d'eux et de ne s'être guère inquiétés des évènements qui parfois bouleversèrent le pays et le siècle où ils ont vécu ? La chronique, c'est-à-dire l'histoire au jour le jour, telle était alors la forme consacrée, et la langue française possédait au XIVe siècle, pour exprimer le travail de l'historiographe, un mot qui a disparu et que je regrette, le verbe « croniquer ».

A Gabriel Du Moulin revient l'honneur d'avoir compris dans quelle mesure il convenait d'élargir la scène de notre histoire normande, et d'avoir doté ses contemporains d'un livre où les faits particuliers et locaux sont logiquement reliés aux événements décisifs de la politique générale ; où les querelles d'abbaye et de clocher aussi bien que les guerres féodales, les révoltes des vassaux comme les intrigues de la cour ducale, les vertus et les vices des seigneurs et des rois sont impartialement appréciés et jugés. En écrivant les deux volumes de son histoire, Gabriel Du Moulin ne perd de vue ni la France, ni l'Angleterre, ni l'Italie, ni même l'Orient, vers lequel se précipite la chrétienté à l'époque des Croisades ; mais en même temps il fixe un regard attentif sur le duché de Normandie, et étudie consciencieusement le rôle plus ou moins retentissant qu'y jouent à la fois les ducs et leur cour, l'évêque et son clergé, le monastère et son école, le seigneur féodal et ses hommes d'armes, le peuple avec sa vie de misère et de travail.

Et chose vraiment remarquable, cet historien qui

voit et juge de si haut, dont le regard n'est point déconcerté par cette inextricable mêlée d'intérêts, qui s'oriente seul dans une voie où nul ne l'a précédé, ce n'est ni un homme d'Etat, ni un parlementaire, ni un prélat mêlé à la politique : c'est un curé de Menneval.

Du Moulin ne se contente pas de se placer à la hauteur voulue pour dominer son vaste sujet et l'embrasser dans toute son ampleur. Il sait que l'historien doit être véridique. Ayant mission de dire la vérité, il voulut la connaître, et pour y parvenir, il ne recula pas devant un énorme labeur. Outre Dudon de Saint-Quentin, Guillaume de Jumièges, Orderic Vital qu'il pouvait lire dans le recueil d'André Du Chesne, il interroge Robert de Torigny, Guillaume de Malmesbury, Henri de Huntingdon, Roger de Hoveden, Matthieu Paris, etc. Non content d'étudier les œuvres imprimées, il va fouiller dans les chartriers poudreux des châteaux du Lieuvin et du Pays-d'Ouche, et consulte les cartulaires de Bernay et du Bec et la chronique manuscrite de cette dernière abbaye. Il se met en rapport avec les érudits de son temps, avec Jean Bigot, sieur de Sommenil, avec le marquis de Molac, gouverneur de Dinan, qui lui envoient de précieux manuscrits.

Ce n'est pas en froid chroniqueur, indifférent aux évènements qu'il raconte, que Du Moulin tient la plume. Ce prêtre avait le cœur aussi chaud que son esprit était judicieux. Du Moulin aime son pays, et la fibre patriotique vibre en maintes pages de son *Histoire*. Il dit dans sa préface qu'il « consacre sa plume à sa chère patrie. » Il s'anime et s'exalte en racontant les hauts faits des seigneurs normands en Angleterre, dans les royaumes de Naples et de Sicile et pendant les Croisades. Et cette franche admiration, dont il ne se cache pas, il la veut faire passer dans l'âme de son lecteur.

Peut-on lire sans émotion ces lignes par lesquelles il termine ses *Conquestes et Trophées* ? « J'ay suivy ces » valeureux normans dans les païs estrangers pour » voir et apprendre leurs glorieuses actions et les » exposer aux yeux de la postérité afin de la porter à » les imiter, à ne laisser pas énerver cette valeur qui » leur est naturelle, et à s'employer pour le service et » le secours de Louis XIV, leur duc et roy des Fran- » çois, vrayment généreux et toujours triomphant, » auquel les destins promettent les palmes de l'Idumée. » Lassé de si longs travaux, je reviens en Normandie » et dans la ville de Bernay, ma chère nourrice, pour » après quelque repos reprendre la plume pour conti- » nuer l'histoire de Normandie (que j'ay mise au jour) » depuis la réunion à la couronne de France jusqu'à » présent ; priant tous les seigneurs et ceux qui ont des » manuscrits de leurs ayeuls de me les adresser, avec » promesse de rendre à un chacun la gloire qu'il « mérite ».

C'est donc l'amour de son pays qui a fait de Du Moulin un historien savant et consciencieux, le précurseur et l'ancêtre des Farin, des Masseville, des Béziers, des Toustain de Billy, des Trigan, des Le Prévost ; et si la Normandie est l'une des provinces où l'étude de l'histoire locale et des antiquités est le plus en honneur, c'est que l'impulsion est depuis longtemps donnée, et que l'école historique normande s'honore d'inscrire en tête de son livre d'or le nom de Gabriel Du Moulin.

En inaugurant aujourd'hui, Messieurs, une plaque commémorative en l'honneur de Du Moulin dans l'église de la paroisse de Menneval dont il fut le curé pendant un demi-siècle, la Section de Bernay a pensé que cet hommage ne devait pas avoir le caractère d'une manifestation isolée; elle a voulu, — et elle vous est reconnaissante, Messieurs, d'avoir répondu à son appel, — y associer tous ceux qui ont à cœur la religion des souvenirs, la reconnaissance envers les ouvriers de la première heure, le culte des grands hommes de la patrie normande.

BIBLIOTHÈQUE NATIONALE R.F. IMPRIMÉS

www.ingramcontent.com/pod-product-compliance
Lightning Source LLC
LaVergne TN
LVHW010336230826
846091LV00009B/3900

9782019215330